www.tredition.de

AF186361

www.tredition.de

© 2020 Rainer Wülser

Verlag und Druck: tredition GmbH, Halenreie 40-44, 22359 Hamburg

ISBN
Paperback: 978-3-347-08041-6
Hardcover: 978-3-347-08042-3
e-Book: 978-3-347-08043-0

Das Werk, einschließlich seiner Teile, ist urheberrechtlich geschützt. Jede Verwertung ist ohne Zustimmung des Verlages und des Autors unzulässig. Dies gilt insbesondere für die elektronische oder sonstige Vervielfältigung, Übersetzung, Verbreitung und öffentliche Zugänglichmachung.

www.tredition.de

Rainer Wülser

Schritte in die Morgenröte

Gedanken für einen Weg aus der COVID-19-Pandemie in die Zukunft der Menschheit

www.tredition.de

Inhaltsverzeichnis

1. Einstimmung

Morgenröte ist ein Zeichen, dass die dunkle Nacht zu Ende geht, in der man vielleicht den Weg nicht sehen konnte und irgendwie im Dunkel tappte. Morgenröte entsteht aber auch nur, wenn uns nicht ein strahlender Tag bevorsteht, sondern einiges in der Luft liegt, das sich im Laufe des Tages zu dunklen Wolken entwickeln könnte.

Genauso empfinde ich die heutige Zeit. Die erste Welle der COVID-19-Pandemie ist vorbei, und alle freuen sich in der Zukunft wieder aktiv sein zu können, aber gewisse Bedenken sind trotzdem vorhanden. Kommt noch eine zweite Welle? Und wenn nicht, wird sich die Wirtschaft wieder erholen und wird alles wieder sein wie vorher? Alle Staaten haben sich in dieser Zeit massiv verschuldet und bis diese Kredite und Unterstützungsbeiträge wieder zurückbezahlt sind, wird es, wenn überhaupt, mehrere Jahre dauern. Es ist daher klar, nach der Morgenröte muss schlechtes Wetter erwartet werden.

Und was ist dann, wenn diese Schulden getilgt sind und die Wirtschaft wieder voll im Schuss ist? Geht es dann so weiter, wie in den vergangenen 200 Jahren? Gibt es laufend neue technische Entwicklungen, einen steigenden Lebensstandard, dank Neuerungen in der Medizin ein immer höheres Durchschnittslebensalter und weltweit eine steigende Bevölkerungszahl? Wie lange wird das Wirtschaftswachstum noch anhalten, denn Bäume sind noch nie in den Himmel gewachsen? Wie lange macht unsere liebe Mutter Erde noch gute Miene zum bösen Spiel der Ausbeutung ihrer Schätze über alles Mass und der dauernden Temperatursteigerung auf ihrer Oberfläche?

Wie viele Tierarten müssen noch aussterben, bis wir Menschen merken, dass wir sie zum Überleben brauchen, denn alles passt zusammen wie in einem Puzzle, und wir benötigen alle Teile und auch die unscheinbarsten Tierchen und Pflanzen, damit die Natur als Ganzes auf der Erde spielt.

Die Morgenröte ist die Zeit des Erwachens. Die Menschheit sollte jetzt erwachen aus ihrem Traum des ewigen Wirtschaftswachstums und der Gewinnmaximierung ohne Rücksicht auf die Natur und die Erderwärmung. Wenn wir diesen Tag mit der Morgenröte - und auch die kommenden - überleben wollen und unseren Kindern und Enkeln eine intakte und lebenswerte Erde hinterlassen wollen, so sollten wir uns jetzt darüber Gedanken machen und einen Plan ausarbeiten, um unser Ziel zu erreichen.

Natürlich will niemand freiwillig auf das Erreichte verzichten. Und mit Zwang kann auch keine dauerhafte Veränderung herbeigeführt werden. Es braucht eine Veränderung bei uns Menschen, ein Umdenken, damit wir freiwillig und mit Freude einen neuen Weg gehen, der für alle Menschen und die Natur ein liebevolles Zusammenleben ermöglicht. Dazu will dieses Büchlein einen Input für erste Schritte geben.

2. Entwicklungsgeschichte der Menschheit

Das Leben auf der Erde hat sich über etwa 3 Milliarden Jahre von den ersten Einzellern bis zu den Primaten und vor ca. 2 Millionen Jahre zum Menschen entwickelt. Auch beim Menschen war der Entwicklungsprozess nicht abgeschlossen. Nach verschiedenen Vorstufen entstand der Homo Sapiens und verbreitete sich vor vielleicht 80'000 Jahren über die ganze Erde. Zuerst war er Jäger und Sammler und vor ca. 16'000 Jahren wurde eine Mehrheit allmählich sesshaft und betätigte sich hauptsächlich in der Landwirtschaft. Vor ungefähr 5'000 endete die Steinzeit und die Bronzezeit begann, um ca. 2000 Jahre später von der Eisenzeit abgelöst zu werden. Das Leben der Menschen war von Anfang an ein Entwicklungsprozess stetig voller Veränderungen.

Der Handel zwischen den verschiedenen Ländern und Völkern wurde immer intensiver. Vor allem mit der Entwicklung der Schifffahrt waren den Entdeckungen immer weniger Grenzen gesetzt. Bildung, Wissen und Wohlstand nahmen insbesondere ab dem 15. Jahrhundert bis heute immer zu. Auch politische und gesellschaftliche Veränderungen trugen zu einem Entwicklungsprozess bei. Insbesondere aber die technische Revolution im 19. und 20, Jahrhundert veränderte unsere Gesellschaft entscheidend.

Heute ist fast die ganze Erde vernetzt durch Digitalität und weltweite Transporte. Moderne Wissenschaften wie Quantenphysik und Gesundheitswesen veränderten die Lebensbedingungen vieler Menschen. Bevölkerungswachstum und Wirtschaftswachstum scheinen wie auch unser Lebensstandard ins Unermessliche zu steigen. Doch gleichzeitig macht uns die Ökologie unserer Erde immer mehr Sorgen. Die

Ressourcen werden übermässig ausgebeutet und die Erderwärmung steigt mit bis jetzt noch unabsehbaren Folgen. Wohin führt uns diese Entwicklung?

Was folgt in der Entwicklung der Menschheit als nächstes? Das Wirtschaftswachstum kann nicht ewig weitergehen. Aber wann ist es abgeschlossen und durch was soll dies bewirkt werden? Es braucht einen mutigen Entscheid für eine Neuausrichtung. Aber wer soll diesen treffen?

Die Erde braucht die Menschen nicht, aber die Menschen können nicht ohne die Erde existieren. Daher sollten wir Menschen der Erde Sorge tragen, damit sie weiterhin die für uns notwendige Qualität hat. Die moderne Quantenphysik hat entdeckt und bewiesen, dass es Energien und Kräfte gibt, die uns noch weitgehend unbekannt sind, die aber einen grossen Einfluss haben auf das Zusammenleben der Menschen unter sich und den Menschen mit den Tieren und Pflanzen und mit der Erde. Früher gehörte diese Ansicht zur Esoterik und zum Aberglauben, aber seit die moderne Wissenschaft diese Theorien auch unterstützt und beweist, sollten wir beginnen, diese uns zu Herzen zu nehmen.

Was will die Menschheit in ihrer Entwicklung noch erreichen? Technisch haben wir schon sehr viel erreicht. Klar gibt es in der Digitalität noch viel Neues zu erforschen. Aber brauchen wir dies wirklich? Unser Lebensstandard ist in weiten Teilen der Gesellschaft schon recht hoch. Wollen wir noch mehr unnötigen Komfort, oder sollten wir eher darauf achten, dass wir das Erreichte halten können und die ärmeren Bevölkerungsschichten bessergestellt sind? Hier beginnen die quantenphysikalischen – oder esoterischen – Kräfte nämlich schon ihre Wirkung zu zeigen. Der bekannte Wissenschaftler und Autor Gregg Braden beschreibt in seinem

Buch «Im Einklang mit der göttlichen Matrix» den Versuch, in dem bewiesen wurde, dass unsere Gedanken andere lebende Körper beeinflussen können und sogar auf «tote» Materie eine Wirkung haben. Wir werden im nächsten Kapitel noch detaillierter darauf eingehen.

Es ist aus diesem Grunde nicht unwesentlich, ob ich nur an mich denke, nur schaue, dass es mir gut geht, mein Lebensstandard hoch bleibt und ich alles, was ich will, kaufen kann, oder ob ich auch an andere Menschen denke, denen es nicht so gut geht wie mir? Wenn ich Mitgefühl mit diesen Menschen habe, so bewirkt schon rein diese Gedankenenergie (sofern sie echt gemeint ist) eine Milderung der Not. Wenn ich dazu vielleicht noch auf etwas verzichte, um anderen einen Liebesdienst zu tun, so ist dies natürlich noch viel besser.

Wir haben zwar ein Schicksal – andere nennen es Zufall -, das wir nicht beeinflussen können, aber zu einem grossen Teil sind wir Schöpfer unserer Lebensumstände. Für religiöse Menschen ist natürlich nur Gott unser Schöpfer. Ich stimme mit dieser Ansicht überein, und darum muss ich, um exakt zu sein, mich korrigieren und sagen, wir sind Mitschöpfer unseres Lebens. Aber auch da hat die Quantentheorie den während Jahrhunderten geführten Streit zwischen Wissenschaft und Religion überwunden und gibt jetzt zu, dass es übernatürliche, geistige Verbindungen und Kräfte gibt, die wir heute zu einem grossen Teil erst erahnen, aber nicht beweisen können.

Kehren wir zurück zur Frage, was die Menschheit in ihrer Entwicklung noch erreichen will oder soll? Wir haben gesehen, dass das Wirtschaftswachstum mit der Ausbeutung der

Erde irgendwann ein Ende haben muss, und unser materielles Denken einen energetisch schlechten Einfluss auf unser Leben und dasjenige der anderen Menschen hat. Wir sollten uns daher auf etwas Neues fokussieren, zum Beispiel:

- dass alle Menschen bei einem gemässigten Lebensstandard glücklich sein können,
- dass wir mehr Verständnis für Andersdenkende haben und niemanden verurteilen,
- dass es keinen Hass und daher auch keine Kriege mehr gibt,
- dass wir im Einklang mit unserer Erde leben und sie nicht mehr zu sehr ausbeuten.

Dies braucht ein komplettes Umdenken der ganzen Menschheit. Wenn Sie als Leserin oder Leser jetzt sagen, das sei eine utopische Fantasie, so verstehe ich Sie sehr gut, denn es braucht wirklich eine gewaltige Umstellung. Bevor diese Umstellung im Alltag sichtbar wird, wird wohl noch einige Zeit vergehen. Aber zuerst braucht es eine Umstellung in unseren Köpfen, ein Umdenken, und da steht uns nichts im Wege, heute damit zu beginnen. Dieses Umdenken setzt aber einen grossen Entwicklungsschritt in der persönlichen Evolution einzelner Menschen voraus. Auch dies ist ein Wachstumsprozess, der seine Zeit benötigen wird, bis eine Grosszahl der Menschen so denkt, aber gerade darum, müssten die Menschen, die für ein solches Denken offen sind, möglichst bald und intensiv bemüht sein, diese neue Energie in ihrem Leben und in ihrer Umgebung zu verbreiten.

3. Überwindung der Corona-Pandemie COVID-19

Zurzeit da ich dieses Buch schreibe, sind alle Länder der Erde wegen COVID-19 in einem Ausnahmezustand, und wir wissen nicht, wann dieser definitiv vorbei sein und wie die Welt dann aussehen wird. Die meisten Menschen möchten, dass dann alles wieder so ist wie vorher. Aber dies ist nicht möglich. Vielleicht wird vieles ähnlich sein wie früher, aber unsere in dieser Zeit gemachten Erfahrungen verhindern, dass alles wieder gleich sein wird wie vor der Pandemie. Wir müssen einsehen, dass das Leben ein Prozess ist, der immer vorwärts geht und geprägt ist von stetigen Veränderungen. Das ist der Sinn des Lebens, dass wir uns entwickeln. Das Schicksal verändert manchmal das Leben eines einzelnen Menschen und in der heutigen Zeit beeinflusst es die Zukunft der ganzen Menschheit. Es steht uns frei, was wir aus dieser Krise lernen wollen, doch dies ist der Zweck jeder Krise, dass wir die Chance nutzen, um etwas zu verändern. Wenn es uns gut geht, dann wollen wir Menschen, dass die Dinge so bleiben, wie sie sind. Aber das widerspricht dem Leben. Das Leben ist ein Prozess der Veränderung.

Ist die COVID-19-Pandemie einfach eine Seuche, die zufällig über uns hereingebrochen ist? Oder ist sie vielleicht eine Reaktion der Natur auf die Art, wie wir die Erde behandelt haben? Ist sie ein Zeichen für eine Transformation, die der Menschheit bevorsteht? Jetzt und in den nächsten Monaten, wenn sich alles wieder für eine gewisse Zeit stabilisiert hat, ist es erforderlich, dass wir als Menschheit Erkenntnisse sammeln und uns Gedanken machen, wie wir unsere Zukunft gestalten wollen. Wollen wir wirklich zurück ins alte Streben nach Wirtschaftswachstum und Gewinnmaximierung mit allen Konsequenzen für die Ökologie und die Erderwärmung? Wollen wir riskieren, dass Teile der Natur absterben, die Klimazonen sich verschieben und der steigende Meeresspiegel weite Gebiete überflutet?

Vielleicht können wir jetzt umstellen auf eine ökologisch vertretbare Wirtschaft mit weniger Gewinnstreben und weniger Stress, dafür mit mehr Gemeinschaftssinn zwischen den Menschen aller Nationen und Verbundenheit mit der Natur. Müssen wir aus der COVID-19-Pandemie etwas lernen und freiwillig unser Leben umstellen, etwas weniger Neuanschaffungen in Mode und Technik, und uns überlegen, was wir wirklich brauchen? Vielleicht ist auch vermehrter Konsum regionaler Produkte sinnvoll, damit wir weniger von fremden Mächten abhängig sind? Vielleicht machen wir dann mehr Ferien ohne in ein Flugzeug zu steigen und haben dafür weniger Stress im Alltag und mehr Lebensfreude. Wollen wir unsere Persönlichkeit wirklich aufgeben zugunsten der Digitalisierung und einer 100 %-igen Überwachung?

Wir dürfen nicht einfach Opfer der Corona-Pandemie sein und hoffen, dass sie bald vorüber ist, damit wir dann gleich weiterleben können wie zuvor, sondern wir sollten Schöpfer einer zukunftsgerichteten Welt sein. Heute haben wir die Chance unsere Lebensweise zu überdenken und in eine Richtung zu lenken, die mehr unserem inneren Wesen als Mensch entspricht. Dazu gehört auch Mässigung, nichtwertende Liebe und Dankbarkeit.

4. Erkenntnisse der Quantenphysik

Die Quantenphysik ist eine hoch wissenschaftliche Theorie, die im Detail für uns Laien schwer verständlich ist. Wichtig sind einige Schlussfolgerungen, die auch für das Leben aller Menschen in unserem Alltag von Bedeutung sind. Dazu gehören unter anderem:

1. Alles ist schwingende Energie und unsere scheinbar so feste, materielle Welt ist eine Illusion. Auch unser physischer Körper ist nur ein Trugbild. Eigentlich sind wir schwingende Energie (Geist, Geistkörper, Bewusstsein, Seele).
2. Materie besteht zu über 99,9% aus leerem Raum, der wirklich leer ist und nicht mit Luft oder etwas Ähnlichem gefüllt ist.
3. Es gibt ein, das ganze Universum umspannendes Feld, in welchem Energie und Informationen ohne Zeitverzögerung über grosse Distanzen ausgetauscht werden.
4. Durch dieses Quantenfeld ist alles mit allem verbunden und wirkt gegenseitig durch verschiedene Kräfte aufeinander.
5. Unsere Gedanken beinhalten Energie mit der wir unseren Körper, aber auch andere Lebewesen und „tote" Materie beeinflussen.

Aus dem Buch „Im Einklang mit der göttlichen Matrix" von Gregg Braden, möchte ich hier zwei Versuche beschreiben, die die Macht unserer Gefühle auf unseren Körper und auf „tote" Objekte beweisen:

- 1993 wurde im Wissenschaftsmagazin *Advances* ein Experiment der US-Armee publiziert bei dem freiwilligen Probanden Gewebeproben und DNS aus dem Mund entnommen und in einem anderen Raum isoliert wurden. Der Spender betrachtete dann nacheinander verschiedene Videosequenzen, die darauf ausgelegt waren bestimmte, unterschiedliche Gefühle zu erzeugen. Während der Spender durch seine emotionalen Hochs und Tiefs ging, war an seiner DNS eine deutliche elektrische Reaktion zu messen. Trotz der Entfernung verhielt sich seine DNS als wäre sie mit seinem Körper verbunden. Bei späteren Experimenten wurde die Distanz bis auf 350 Meilen erweitert. Die Reaktion wurde auch da ohne eine Zeitverzögerung gemessen.

- Bei einem anderen Experiment, das durch die russischen Wissenschaftler Vladimir Poponin und Peter Gariaev durchgeführt und 1995 publiziert wurde, wurde die Verteilung von Photonen in einer Vakuumkammer ohne äussere Einflüsse gemessen. Wie erwartet waren diese sehr regelmässig im Raum verteilt. Dann wurden Proben von menschlicher DNS in die Kammer gebracht. In der Gegenwart dieser DNS ordneten sich die Photonen in einer anderen Formation an. Erstaunlicherweise blieben nach dem Entfernen der DNS die Photonen in der Verteilung, als wäre die DNS noch vorhanden. Es schien, als wären die Lichtteilchen immer noch mit der DNS verbunden. Dieses Verhalten erinnert stark an den „Urgrund" von dem Max Planck fünfzig Jahre zuvor gesprochen hatte.

Die Ergebnisse dieser zwei Versuche lassen sich folgendermassen zusammenfassen: Menschliche Gefühle beeinflussen die DNS unserer Zellen und dies auch, wenn letztere sehr entfernt sind. (Beispiel aus der Praxis: Es ist bekannt, dass Empfänger von Organtransplantationen Verhaltenseigenschaften des Spenders übernehmen.) Im zweiten Experiment wurde gezeigt, dass unsere DNS einen Einfluss auf Photonen hat. Stark vereinfacht können diese Ergebnisse zusammengefasst werden: Menschliche Gefühle können

„tote" Materie beeinflussen und dies scheinbar ohne zeitliche Begrenzung. Daraus können wir erkennen, dass wir Menschen nicht auf unseren Körper oder die Gesetze der konventionellen Physik beschränkt sind. Es gibt noch eine andere Energie, ein Feld und eine Intelligenz, die überall zeitlos vorhanden sind. Wir kennen diese noch nicht näher, aber was früher nur Esoteriker behaupteten, sagen jetzt auch Wissenschaftler, die sich gewohnt sind, alles zu beweisen.

Die wichtigste Erkenntnis aus der Quantenphysik für unsere Gesellschaft ist die Verbundenheit und gegenseitige Beeinflussung von allem mit allem. Wenn wir dies in unserem Alltag berücksichtigen wollen, so bedeutet dies einen diametralen Gegensatz zu unserem überlieferten Verhalten: Wir glauben eine eigenständige und unabhängige Persönlichkeit zu sein und sind bestrebt für unser Wohl zu sorgen, auch wenn dies oft gegen die Interessen der anderen Menschen und der Natur ist. Wir sind uns nicht bewusst, dass wir auf einer subatomaren, aber sehr bedeutungsvollen Ebene mit allen und allem verbunden sind und uns gegenseitig beeinflussen. Wir glauben mit unserem Verstand alles zu erkennen und beherrschen zu können. Seit René Decartes (1596 – 1650) gilt der Satz:"Cognito, ergo sum" (Ich denke, also bin ich). Wir sehen uns Menschen als voneinander getrennte Persönlichkeiten, die unabhängig auf andere wirken können. Die Wissenschaft beherrscht unsere Gesellschaft und es gilt nur, was bewiesen werden kann, und dies betrifft naturgemäss immer Materielles. Erst jetzt beginnt die Quantentheorie unsere Einstellung zu beeinflussen, und wir öffnen uns langsam für neue, bisher unbekannte Aspekte.

Im Quantenfeld ist die Zeit keine Konstante. Es gibt unendlich viele Zeitlinien, die alle gleichzeitig möglich sind. Jede

Erfahrung in der Vergangenheit, Gegenwart und Zukunft von allem und jedem existiert im Feld der unbegrenzten Informationen, dem Quantenfeld. Subatomare Partikel können an unendlich vielen möglichen Stellen gleichzeitig existieren. Dies gilt im übertragenen Sinn auch für uns Menschen. Mit anderen Worten, wenn wir uns ein bestimmtes zukünftiges Ereignis vorstellen können, **dann existiert diese Realität bereits irgendwo als Möglichkeit im Quantenfeld** – jenseits dieses Raumes und dieser Zeit – und wartet nur darauf, von uns beobachtet zu werden. Wenn wir durch Gedanken und Gefühle Einfluss darauf nehmen können, wann und wo ein Elektron aus dem Nichts und Nirgendwo erscheint, dann sollten wir aus der Sicht der Quantentheorie auch in der Lage sein, das Erscheinen von beliebig vielen für uns vorstellbaren Möglichkeiten zu beeinflussen.

Aus der Sicht des Quantenmodells könnte man das folgendermassen betrachten: Wenn wir uns selbst in einer bestimmten, neuen Zukunft beobachten, die anders ist als unsere Vergangenheit, und wenn wir erwarten, dass sich diese Realität manifestiert, und wenn wir das Ereignis emotional annehmen können, dann leben wir – mindestens einen Moment lang – in dieser zukünftigen Realität und konditionieren unseren Körper darauf, zu glauben, er sei im gegenwärtigen Moment in dieser Zukunft. Das Quantenmodell, demzufolge alle Möglichkeiten in diesem Moment existieren, erlaubt es uns, eine neue Zukunft auszuwählen und sie durch Beobachten in die Realität zu bringen (Beispiel: Placebo-Effekt). Das heisst, dass wir sozusagen standardmässig schöpferisch tätig sind.

Unser individuelles Denken und Handeln beeinflusst trotz der Unbedeutsamkeit des einzelnen Menschen die gesamte Natur und die menschliche Gesellschaft und verändert die sich ständig dynamisch wandelnde Potenzialität der lebenden Wirklichkeit. So ist die Einzigartigkeit jedes einzelnen Menschen tragender Bestandteil unseres gemeinschaftlichen, kulturellen Evolutionsprozesses. Wenn wir uns dieses Zusammenhanges bewusstwerden, so erkennen wir, dass wir, wie alles andere auch, untrennbar mit dieser wunderbaren irdischen Geobiosphäre als Erfahrende und Verursachende verbunden sind. (Hans-Peter Dürr: «Wir erleben mehr als wir begreifen» S. 167)

Um uns mit dieser neu erkannten Wirklichkeit vertraut zu machen, müssen wir unser logisches Denken und unsere einengende Voreingenommenheit (Glaubens-sätze) fallen lassen und sie durch Offenheit, Empathie und Beweglichkeit ersetzen. Die bisher geltenden statistischen Überlegungen mit mathematischer Beweisführung, so wie das - aus unserem Gefühl des Getrenntseins stammende - egozentrische Denk- und Wirtschaftssystem, haben unsere Gesellschaft auf einen Irrweg geführt. Nur eine radikale und nachhaltige Kehrtwende kann unser Leben in Einklang mit den neuen Erkenntnissen bringen. Vor allem die Steigerung der persönlichen Intuition und Empathie verlangt eine Förderung des weiblichen Teils in uns Menschen, der heute noch oft belächelt und verspottet wird. Unsere Gesellschaft steht damit vor einer grossen Herausforderung, und es wird Zeit, dass wir diese uneingeschränkt annehmen und eine neue, vielfältige Lebendigkeit erschaffen.

5. Folgen der Erderwärmung

Nach dem sehr technischen und schwer verständlichen letzten Kapitel möchte ich wieder ganz zur materiellen, irdischen Realität zurückkehren. Es ist ganz real, dass wir sehr viel fossile Energie verwenden, weil diese einfach und kostengünstig erhältlich ist. Daher ist es auch schwierig von ihr wegzukommen. In vielen Ländern sind Kohlekraftwerke noch eine weit verbreitete Energiequelle zur Erzeugung von elektrischem Strom. Ebenso sind Ölheizungen einfach und praktisch. Ozeandampfer und Frachtschiffe können nur schwerlich mit Sonnenenergie betrieben werden und von den Flugzeugen wollen wir gar nicht sprechen. Die bei der Verbrennung entstehenden Abgase bewirken aber in der Luft, dass mehr Sonnenenergie absorbiert wird und die Luft sich stärker erwärmt. Dadurch entsteht die Erderwärmung.

Die Erderwärmung bewirkt Klimaveränderungen. Heute beträgt die vom Menschen gemachte Erderwärmung + 1°C. Durch politische Vereinbarungen ist eine Begrenzung von +2°C vorgesehen. Die Prognosen liegen aber bei +3°C in 10 – 20 Jahren unter Berücksichtigung der heute wahrscheinlichen Sparmassnahmen.

Schon heute gibt es mehr Hitzewellen und häufigere und stärkere Stürme. Bei jedem weiteren Grad nehmen diese deutlich zu. Der Meeresspiegel wird steigen. Schon bei +2°C werden einige Inseln- vor allem im Pazifik – verschwinden und weite, flache Küstengebiete unter Wasser stehen.

Bisher reflektiert das Polareis das Sonnenlicht und wirkt der Erwärmung entgegen. Aber bei jedem weiteren Temperaturanstieg schmilzt das Polareis schneller, und das Sonnenlicht kann das offene Meerwasser stärker erwärmen. Dadurch schmilzt aber das Eis noch schneller, was einen Teufelskreis bewirkt, der zum Klimakollaps führen kann. Gletscher verschwinden und trockene Regionen breiten sich aus. Die Regenwälder, die heute schon unter der Rodung leiden, werden nach und nach verschwinden. In Südeuropa, dem Nahen Osten und Teilen der USA wird Dürre herrschen und diese Gebiete werden unbewohnbar. Teile der Menschheit werden unter Wasserknappheit leiden und andere durch Überschwemmungen. (Quelle: Planet Wissen, von Daniel Haase, WDR)

Auch Gebiete mit feuchter Hitze werden zunehmen (z.B. im Süden von Indien). Ab einer Lufttemperatur von 35°C und hoher Luftfeuchtigkeit kann der menschliche Körper seine Temperatur nicht mehr regulieren. Hier kann man sich nur noch in Gebäuden mit Klimaanlage aufhalten. Und woher nehmen diese wohl die Energie?

Wegen der verbreiteten Trockenheit wird die Nahrung für viele Menschen zur Mangelware. Fliehende Völkerscharen und Essensknappheit werden soziale Spannungen und Kriege auslösen.

Denken wir an die Morgenröte, die den neuen Tag mit all seinen Überraschungen ankündigt. Das sind „schöne Aussichten" für alle jüngeren Menschen unter 50 Jahren, denn in 20 Jahren kann dies Wirklichkeit sein. Dann nützt es nichts, dass die durchschnittliche Lebenserwartung dank den Fortschritten der Medizin bald bei 90 Jahren liegen wird. Es fragt sich, ob dann das Leben noch lebenswert im heutigen Sinn sein wird. Und wie sieht die Zukunft unserer Kinder und Enkel aus?

Ich möchte nicht schwarzmalen, aber aufrütteln aus einem Leben ohne Verantwortung für die Zukunft. Wir sind heute mitten in den Auswirkungen der COVID-19-Pandemie und wollen die Wirtschaft wieder hochfahren. Die meisten Menschen freuen sich über die Lockerung der Einschränkungen und wollen das Leben wieder geniessen. Ist dies nicht etwas kurzsichtig? Wäre nicht gerade heute eine geeignete Zeit, um die Zukunft der Wirtschaft und damit der menschlichen Gesellschaft in eine neue, umweltverträglichere Richtung zu lenken? Darauf möchte ich im nächsten Kapitel näher eingehen.

6. Wir brauchen die Wirtschaft

Die letzten Kapitel dieses Büchleins könnten beim Leser oder der Leserin den Eindruck erwecken, dass ich gegen die Wirtschaft bin und diese am liebsten ganz herunterfahren möchte. Doch gegen diesen Vorwurf muss ich mich vehement wehren. Aber Wirtschaft ist nicht gleich Wirtschaft.

Seit Ende des 14. Jahrhunderts, als Kolumbus Amerika entdeckte, waren die europäischen Staaten – damals das Zentrum der Welt – auf Expansionskurs. Südamerika, Afrika und Gebiete in Asien wurden als Kolonien besetzt und ausgebeutet. Dies brachte einen vorher nicht gekannten Reichtum nach Europa und machte die Menschen gierig nach immer mehr.

Die Wissenschaft und später auch die Technik entwickelten sich fast exponentiell und ermöglichten immer wieder kaum vorhersehbare Leistungen. Das materielle Gewinnstreben stand aber immer im Zentrum, und die Gewinne wurden zu einem grossen Teil gleich wieder ins Geschäft investiert, sodass die guten Geschäftsleute immer reicher wurden. Heute sind es die global tätigen Firmen und ihre Inhaber, die die Wirtschaft und zu einem grossen Teil auch die Politik beherrschen.

Die breite Bevölkerung wurde zuerst als billige Arbeitskraft ausgenutzt. Mit der Zeit kamen aber auch hier viele zu Wohlstand und machten kaum Opposition gegen die Mächtigen der Wirtschaft. Der Gerechtigkeit halber muss auch erwähnt werden, dass der Kapitalismus bisher das einzige erfolgreiche Gesellschaftssystem war. Sozialismus und Kommunismus endeten oft in einem Fiasko. Aber der Kapitalismus und damit die heutige Weltwirtschaft basiert immer auf Wachstum, und dies wird heute zum Problem.

Wir brauchen die Wirtschaft. Die heutigen Menschen könnten unmöglich Selbstversorger werden. Dazu würden die Kenntnisse und die benötigte Landfläche fehlen. Vor allem aber wäre das Angebot der gewerblich und industriell hergestellten Güter nicht mehr vorhanden. Aber gibt es nicht eine Möglichkeit die Wirtschaft weg vom Gewinndenken hin zu einem sozialen und ökologischen Verhalten mit mehr regionaler Bedeutung zu verändern?

Jedes Unternehmen muss einen gewissen Gewinn erwirtschaften, einerseits um neue Investitionen zu tätigen und eine gewisse Reserve für schlechte Zeiten zu bilden. Auch ein angemessener Gewinn für die Kapitalgeber ist vertretbar, aber alles in einem mässigen Rahmen. Aber eine Gewinnmaximierung ruft sofort nach Neuinvestitionen zu Umsatzvergrösserung und noch mehr Gewinn, und dies verursacht die heutigen Probleme.

Es ist wohl eine Illusion zu glauben, die Wirtschaftskapitäne würden jetzt ihre Philosophie ändern und sozial und ökologisch denken. Die Veränderungen müssen von der Basis aus erfolgen. Die scheinbar machtlosen Kleinbürger haben jetzt die Gelegenheit sich zusammenzutun, ihre Einstellung zu verändern und damit die Wirtschaft zu beeinflussen.

Wenn plötzlich nicht mehr so viele neue Autos gekauft werden und keine billigen Kleider, die unter schamloser Ausnützung der Arbeiterinnen in Entwicklungsländern hergestellt worden sind, so wird dies die Wirtschaft mit der Zeit verändern. Wenn wir vermehrt regionale Produkte kaufen, so wird der internationale Handel eingeschränkt.

Wer sind nun aber die Menschen, die da den ersten Schritt machen sollen? Das sind Sie, die Leserinnen und Leser dieses Büchleins, denn indem Sie mit der Lektüre bis jetzt durchgehalten haben, haben Sie gezeigt, dass Sie interessiert und für eine Veränderung offen sind. Natürlich ist es nicht leicht ein theoretisches, positives Denken in ein praktisches Handeln umzusetzen ohne in ein Gefühl des Verzichtens und des Mangels zu geraten. Dies ist das Hauptargument für alle hinausgeschobenen Massnahmen zur Einschränkung der Wirtschaft und des Welthandels. Darum werde ich in den nächsten Kapiteln auf dieses Thema eingehen, denn dies ist das zentrale Anliegen, das ich mit diesem Büchlein injizieren möchte.

7. Umdenken

Heute sieht sich der Mensch weitgehend als Krone der Schöpfung, über die er nach Belieben walten und wüten kann. Er fühlt sich losgelöst von der Natur und glaubt diese zu beherrschen. Dabei fehlt ihm der Durchblick für die Folgen seines Tuns, und in seiner Überheblichkeit setzt er sich über alle warnenden Erscheinungen hinweg. Es ist Zeit, dass er die Grösse der Schöpfung in Demut anerkennt, denn dann kann er zum verantwortungsbewussten Mitschöpfer werden.

Der Mensch braucht Einsicht und ein Umdenken weg vom materiellen Grössenwahn hin zu neuen Werten, die nicht in nackten Zahlen von Statistiken und Bilanzen ausgedrückt werden können. Um das Neue zu wagen, braucht es eine neue Vernunft und viel Mut, das Althergebrachte hinter sich zu lassen und auf das Leben und die Zukunft zu vertrauen. Wir brauchen einen Menschentypus, der friedfertig, kooperativ, empathisch, liebend und mitfühlend ist. Und wenn wir die Evolution des menschlichen Bewusstseins verfolgen, wie es zum Beispiel Ken Wilber oder Don Beck und Christopher Cowan beschreiben, dann ist dies genau die nächste Bewusstseinsstufe, die jetzt auf uns zukommt. Und dieses Bewusstsein kann jetzt erwachen, da die moderne Wissenschaft und die aufgeschlossenen Religionen sich nicht mehr widersprechen, sondern zunehmend in wesentlichen Punkten übereinstimmen. Diese Umstellung kommt aber sicher nicht schlagartig, denn unsere Wirtschaft, die in unserer Gesellschaft weitgehend bestimmend ist, will aggressive, erfolgsorientierte Ellenbogenmenschen. Wenn die neue Sichtweise aber einmal bekannter wird, und die zukunftsorientierten Erkenntnisse sich in der Gesellschaft verbreiten, kann es zum Modetrend werden, sich neu zu orientieren, und einzelne können die grosse Masse mitreissen.

Durch das Annehmen eines höher schwingenden, emotionalen, schöpferischen Zustandes – beispielsweise, Inspiration, Kraft, Dankbarkeit oder Vertrauen in die Zukunft – lassen wir unsere Atome schneller drehen (schwingen). Dadurch entsteht ein stärkeres Energiefeld um den Körper herum, welches wiederum Einfluss auf unsere physische Materie hat. Die physischen Partikel, aus denen unser Körper besteht, reagieren dann auf diese höhere Energie. Durch unser Bewusstsein werden wir mehr zu Energie und weniger zu Materie. Wir sind weniger Partikel und mehr Welle. Die Materie kann so auf eine neue Frequenz gehoben werden, und unser Körper reagiert auf einen neuen Geist. *Wir können also selber entscheiden, ob wir mehr Materie oder Energie sein wollen. Und wenn wir mehr Energie sind, werden alle Veränderungen möglich.*

Die Energie folgt unserer Aufmerksamkeit, und wenn wir unser Bewusstsein auf das Gewünschte fokussieren, lassen wir unsere Energie dorthin fliessen und beeinflussen durch unsere Aufmerksamkeit die Materie. Der Placebo-Effekt ist damit keine Fantasie, sondern Quantenrealität. Es hängt von unserer Schwingung ab, was wir aus dem Quantenfeld in unser Leben ziehen. Wir ziehen stets das an, was unserer Schwingungsfrequenz entspricht. Wir selbst erzeugen unsere Frequenzen. Deshalb sind wir die „Magnete", also die Ursache, für das, was geschieht, aber wir müssen uns bewusst sein, dass es noch andere Einflüsse gibt.

Wer die obigen Abschnitte begriffen hat, der weiss, dass wir Menschen nicht Opfer sind, sondern Schöpfer oder Gestalter unseres Lebens. Als «Magnete» sollten wir möglichst oft an das denken, was wir anziehen wollen, das was wir stärken wollen. Wichtig ist auch zu wissen, dass denken allein nicht genügt, wird sollten auf *fühlen*, wie es für uns dereinst sein wird, wenn das Gewünschte sich verwirklicht hat.

Das ist genau das, was den Placebo-Effekt so wirksam macht. Wenn in der Bibel steht: «Gehe hin, dir geschehe nach deinem Glauben» (Mat.8.13) oder «Alles was ihr betet oder bittet, glaubt, dass ihr es empfangen habt und es wird euch zuteilwerden. (Mar.11.24), so ist genau diese positive Einstellung gemeint. Die moderne Wissenschaft sagt dazu: «Alle Energie die wir ins Quantenfeld senden, wird dort gespiegelt und wir erhalten sie zurück. Wenn du Hass sendest, wirst du Hass ernten, wenn du Liebe sendest, wirst du Liebe ernten.»

Wir Menschen können nun selber bestimmen, welche Zukunft wir wollen: wollen wir ständiges Wirtschaftswachstum und immer mehr Konsum bis es knallt, oder wollen wir andere Werte und Energien bevorzugen. Dies wäre zum Beispiel: ein etwas einfacheres Leben mit weniger Stress und mehr gemütlicher Besinnlichkeit im Einklang mit der Natur und der Erde. Durch unser Denken und Fühlen können wir das eine oder das andere fördern.

8. Müssen wir auf alles Schöne verzichten?

Liebe Leserin, lieber Leser, Sie werden jetzt vielleicht denken, das was im letzten Kapitel geschrieben stand, ist in der Theorie ja schön und gut, aber muss ich denn auf alles verzichten, was mir bisher so lieb und teuer war? Die Antwort ist ein klares **Nein**. Wenn Sie wehmütig verzichten würden, dann wären Sie in einem Zustand des Mangels, und wenn wir eine Energie des Mangels in das Quantenfeld senden, dann erhalten wir auch Mangel zurück.

Wir müssen während einer Zeitspanne der Umstellung irgendwie den Dreh finden, das eine zu tun ohne das andere zu lassen. Einerseits sollen wir möglichst immer unser Ziel vor Augen haben und auch fühlen, wie schön es ist, wenn wir es erreicht haben, andererseits dürfen wir unser Ego nicht verleugnen, das sich zuerst an die Umstellung gewöhnen muss und dafür etwas Zeit braucht.

Gewisse Skeptiker werden sagen, das sei scheinheilig: Wasser predigen und Wein trinken! Ich möchte dies nicht verneinen, aber zu bedenken geben, dass dieser Entzug eine bewusste Energie über eine gewisse Zeit benötigt. Wir sind keine Übermenschen und dürfen uns nicht überfordern, sonst wenden wir uns ganz von dem erstrebten Ziel ab, weil wir den Zustand des Versagens und der Selbstvorwürfe nicht mehr ertragen.

Es braucht einen Weg der kleinen Schritte. Ich selbst kenne diesen Weg persönlich schon seit Jahren. Ich weiss zum Beispiel sehr genau, dass eine vegane Ernährung für mein Zukunftsdenken sinnvoll ist. Aber trotzdem habe ich gelegentlich noch gern ein Stück Fleisch. Ich esse es aber sehr bewusst, geniesse bewusst jeden Bissen, mache ganz kleine Stücke und bin dem Tier, das sich für mich opfern musste, dankbar. Überhaupt finde ich Dankbarkeit eine wunderbare Energie, die nichts kostet und nichts einschränkt, aber viel bewirkt. Diese Wirkung spüre ich vor allem in mir: ich kann nämlich nicht unwillig oder gereizt sein, wenn ich mich bewusst auf ein Gefühl der Dankbarkeit konzentriere. Dann fühle ich einen tiefen, echten Frieden.

Aber natürlich gelingt mir dies nicht immer und dann kann ich mich aufregen, über mich wütend sein, oder es mit Humor nehmen und über mich lachen: «Jetzt bin ich wieder einmal reingefallen und habe versagt.» Doch ich bin mir dann bewusst, dass dies zum Leben gehört. In vielen Lektionen muss ich meine Erfahrungen machen, um mich weiter zu entwickeln. Es zeigt mir, dass ich noch nicht am Ende bin, sondern mitten im Lebensprozess und das finde ich auch im Alter von 80 Jahren ermutigend.

Es ist mir aber bewusst, dass jeder Mensch seinen eigenen Weg gehen muss. Diese Wege können sehr unterschiedlich sein und die Gefahr besteht – wenigstens bei mir -, dass ich beginne zu kritisieren und zu werten. Von da bis zum Verurteilen ist dann nicht mehr ein grosser Schritt. Für mich ist es wichtig, dass ich möglichst bewusst durch meinen Alltag gehe. Das heisst, dass ich mir bewusst bin, was in mir und in meinen Gedanken und Gefühlen gerade abläuft. Dann kann ich mit meinem Bewusstsein eingreifen und meine Gedanken dahin steuern, wo ich sie für eine liebevolle Zukunft haben will. Ich bin nicht Opfer, sondern Schöpfer meiner Lebensumstände. Natürlich gelingt mir auch dies nicht immer, aber einen gewissen Fortschritt kann ich nach Jahren doch erkennen.

Das Leben ist ein Kompromiss und wir können lange nicht alles in unserem Leben selbst bestimmen. Aber wir sind frei in unserer Einstellung zum Leben. Für mich lautet eine grosse Lebensweisheit: *„Alles, was ich erlebe und erfahre, hat die Bedeutung, die ich ihm gebe. Ich bin frei in allem die positive und schöne Seite zu sehen oder die negative und abgelehnte. Durch die Bedeutung, die ich dem Erfahrenen gebe, definiere ich mich selbst und sage, wer ich bin."*

So kann ich auch wählen, ob ich mein Glück darin sehen will, ein sportliches Auto zu fahren oder die halbe Welt zu bereisen, oder ob es mir wichtiger ist, dass unsere Kinder und Enkel in 20 bis 30 Jahren noch eine lebenswerte Zukunft haben werden.

9. Unsere Gedanken sind unsere Schöpferkraft

Es gibt zwei Möglichkeiten, woher wir Menschen unsere Energie und unsere Motivation für unsere Gedanken und unsere Handlungen erhalten können: die Angst oder die Liebe. Die Liebe ist die göttliche Energie, aber, da wir Menschen glauben, Gott sei im Himmel und wir Menschen hier auf Erden getrennt von Gott, ist es die Angst, die unser Leben beherrscht und uns leitet. Wir haben immer vor etwas Angst. Wir haben Angst um unser Leben, wir haben Angst alt zu werden und haben Angst vor dem Tod. Wir haben Angst nicht genügend Geld zu haben, wir haben Angst um unseren materiellen Besitz, um unsere Gesundheit, um unseren Arbeitsplatz und um unsere Zukunft. Wir haben Angst liebe Menschen oder unseren Partner zu verlieren. Wir finden täglich oder fast jede Minute etwas, davor wir glauben, Angst haben zu müssen.

Wir Menschen sind durch unsere Ängste in einem Mangeldenken verhaftet. Wir glauben, dass es weder materielle Güter, noch Liebe oder Glück im Überfluss gibt, und wir daher für alles kämpfen und darauf achten müssen, dass wir ja nirgends zu kurz kommen und alles erhalten, was wir glauben, dass es uns zusteht. Wir setzen Massstäbe, was wir als richtig einstufen, und sind mit uns und unserer Umwelt unzufrieden, wenn wir oder die anderen diese nicht erreichen. Wir sind dann voller Kritik über uns selbst und über die andern. Daraus entstehen Ärger, Wut und Hass, aber auch Neid, Eifersucht und unser Bedürfnis nach Anerkennung, Macht und Besitztum. Je nach den unterschiedlichen Veranlagungen jedes Menschen, sind diese Eigenschaften bei jedem etwas anders ausgeprägt und bilden seinen Charakter.

Und das, was wir Liebe nennen, ist auch von dem oben beschriebenen Denken in Angst geprägt und hat daher gar nichts mit der eigentlichen, göttlichen, universellen oder selbstlosen Liebe zu tun. Wenn wir einen anderen Menschen lieben, so darum, weil er Eigenschaften oder ein Verhalten hat, das unserem Verlangen oder unseren Bedürfnissen entspricht, und wenn er sich nicht nach unseren Vorstellungen verhält, dann entziehen wir ihm unsere Liebe. Den Menschen, den wir lieben, wollen wir besitzen. Wir sprechen von *meiner* Frau oder *meinem* Mann, und dieses „besitzanzeigende Fürwort" ist mehr als nur ein grammatikalischer Ausdruck. Sehr deutlich kommt dies in der Spanischen Sprache zum Ausdruck, wo der Satz „te quiero" eine doppelte Bedeutung hat, nämlich „ich liebe dich" und „ich will dich". Wir alle kennen das aus unserem Leben, dass wir Menschen, die wir lieben, an uns binden wollen, sei dies unser Partner oder unsere Kinder. Mein Partner darf nicht zu einem fremden Menschen gleich lieb sein, wie zu mir, sonst werde ich eifersüchtig. Und unsere Kinder sind ein Teil von uns, oft erwarten wir Dankbarkeit von ihnen und eine Ablösung ist schwierig und oft nur bruchstückhaft. Dies entspricht aber nicht der wahren, selbstlosen Liebe, die alle Menschen ohne Ausnahme einschliesst und nichts von ihnen zurückerhalten will.

Wir haben die Angst selbst erschaffen. Wir glauben an die Angst und ihre Macht über uns, und daher beherrscht sie uns, und wir können uns nicht gegen sie wehren. Auch hier gilt das Gesetz der Macht unserer Gedanken. Und unsere Gedanken bejahen die Angst, in unseren Gedanken ist die Angst ein fester Bestandteil unseres Lebens, es ist für uns undenkbar, ja gerade leichtsinnig, uns von ihr zu lösen. Doch unsere Angst wäre nicht nötig, wenn wir uns wieder bewusstwürden, dass wir Menschen Kinder Gottes sind und daher Gott in uns haben. Unser wahres Selbst kann sich gar nicht von Gott trennen, es sind nur unsere irdischen Teile, unser Körper, unser Ego und unser Gefühlsteil, die durch unsere Gedanken scheinbar von Gott getrennt sind. Unser Bewusstsein identifiziert sich aber fast vollständig mit diesen irdischen, scheinbar getrennten Teilen. Da unsere Gedanken und unsere Aufmerksamkeit vorwiegend bei unseren irdischen Belangen liegen, fördern wir vor allem diese mit unserer Energie und unser wahres Selbst vernachlässigen wir dabei so stark, dass heute die meisten Menschen nur noch eine bruchstückhafte Erinnerung daran haben. Wir haben unsern Ursprung und unsere wahre Natur vergessen. Auf der schöpferischen, göttlichen Ebene existiert aber die Angst gar nicht, und wenn wir uns wieder besser an unsern Ursprung erinnern könnten, würde die Angst ihre Bedeutung verlieren.

Der Energiezustand, der unserer Schöpfung entspricht, ist die selbstlose Liebe. Wir spüren diesen Zustand heute nur noch selten, am ehesten, wenn wir uns einmal Zeit für uns selbst nehmen und etwas tun, was uns wirklich gefällt und uns dann so richtig, rundherum wohl fühlen. Dieses Wohlgefühl ist verbunden mit einer inneren Ruhe. Wir ruhen in uns selbst, wir sind zufrieden und glücklich, die Zeit bleibt stehen und verliert ihre sonst so kontrollierende Bedeutung. Wir fühlen einen inneren Frieden, und aus dem heraus fördern wir auch den äusseren Frieden, den Frieden in unserer Umwelt. Wenn wir in einem Zustand des inneren Friedens sind, hat die Angst keinen Platz, wir fühlen uns frei, leicht und verbunden mit unseren Mitmenschen und der Schöpfung. In diesem Zustand sind wir toleranter gegenüber unseren Mitmenschen und urteilen weniger streng. Wenn wir aus diesem Gefühl des inneren Friedens heraus aktiv werden ohne dieses dabei zu verlieren, dann sind wir mit der Energie der

Liebe verbunden und denken und handeln liebevoll. Aber meistens holt uns die Zeit wieder in den Alltag zurück, wir erinnern uns plötzlich an eine Pflicht oder einen Termin und kommen so wieder in den gehetzten und damit angsterfüllten Alltag zurück.

Unsere Angst ist entstanden aus unserer Illusion des Getrenntseins von Gott und damit von allen anderen Menschen. Sie unterliegt damit dem Gesetz von Ursache und Wirkung, und darum können wir uns nicht von der Angst befreien, ohne deren Ursache zu beseitigen, nämlich unsere Illusion von Gott getrennt zu sein. Durch diese Illusion der Trennung von Gott fühlen wir uns auch nicht mehr eins mit unseren Mitmenschen und der Natur. Wir sehen auch in ihnen die Getrennten und misstrauen ihnen. Daraus entstehen das Urteilen und die Angst. Wir haben die Angst selbst geschaffen durch die Macht unserer Gedanken.

Wir haben aber in den vorherigen Kapiteln erfahren, dass wir durch das Quantenfeld alle miteinander verbunden sind. Es wirkt für mich sehr überzeugend, dass dies nicht irgendein Sektenguru oder Esoteriker behauptet, sondern die modernen Physiker. Aber das sind ganz neue Erkenntnisse, und wir Laien müssen uns erst an diese Denkweise gewöhnen. Daher kultivieren wir unsere Angst und suchen durch Abenteuer, risikobehaftetes Leben und ständig neue Mutproben die Angst in uns lebendig zu halten. Wenn wir heute dank Wohlstand und Sozialversicherungen weniger Lebensängste haben, so suchen wir neue Ängste in unserer Freizeit durch Deltafliegen, River rafting, Bungee jumping, Ski diving und wie all die Risikosportarten heissen, die uns den sensationellen Kick geben sollen. Aber auch auf Video schauen wir uns Krimi- und Horrorfilme an, lesen Kriminalromane oder besteigen immer verrücktere Kirmesbahnen. Da vor allem die Jungen diese Herausforderungen suchen, können wir erkennen, dass jeder einzelne Mensch seine Erfahrungen selbst machen und selber lernen muss, dass diese gesuchten Ängste auf die Dauer doch keine Erfüllung bringen. Wir können leider die Erfahrungen, die jeder Mensch gemacht hat, nicht an die Jüngeren weitergeben. Die Weisheit des Alters muss selbst erworben werden.

Daneben gibt es allerdings auch viele Beispiele für die positive Entwicklung der Menschheit hin zu mehr Liebe und Eigenverantwortung. So gab es früher wesentlich mehr Grausamkeiten gegenüber anderen Menschen, so zum Beispiel Gladiatorenkämpfe auf Leben und Tod als reine Volksbelustigung. Heute sind nicht einmal mehr Stierkämpfe frei von Kritik. Noch vor wenigen hundert Jahren wurden Menschen wegen eines einfachen Diebstahls von Esswaren zum Überleben auf grausame Art hingerichtet, zum Beispiel durch Ertränken, in dem man den Schuldigen in einem zugebundenen Sack in einen Fluss warf. Heute versucht man dagegen ansatzweise auch hartgesottene Sträflinge zu gesellschaftsfähigen Menschen zu erziehen. Früher hatten fast alle Kriege einen religiösen Hintergrund, und Heiden wurden durch die Christen skrupellos niedergemetzelt (da sie offiziell keine Seele hatten). Heute versuchen internationale Organisationen immer mehr Grenzen abzubauen und Völkergemeinschaften zu bilden, wodurch Kriege unmöglich werden. Früher war Sklaverei eine weltweite Einrichtung zur Beschaffung billiger Arbeitskräfte, heute kämpft man für Gleichberechtigung und Bildung für alle. Früher konnte man kaum aus der Gesellschaft ausbrechen, in die hinein man geboren wurde und musste oft den Beruf des Vaters erlernen. Heute kennt man keine solche Beschränkungen mehr und auch

Glaubensfreiheit ist in vielen Ländern eine Selbstverständlichkeit. Durch neue Erkenntnisse in der Psychologie besteht heute schon für junge Menschen die Möglichkeit, einige Grundsätze für ein besseres Zusammenleben kennen und anwenden zu lernen. Wenn zu biblischen Zeiten vor allem die Könige die Entscheide für das ganze Volk trafen, so besteht heute eine weitgehende Denk- und Entscheidungsfreiheit für alle. Damit ist es heute viel mehr als früher möglich, Eigenverantwortung für sein Handeln zu übernehmen. Dies ist eine wichtige Voraussetzung für eine Entwicklung der Menschheit weg von der Angst und hin zu mehr Liebe und Glauben an eine Verbundenheit mit Gott, denn diese Einheit kann nicht von einer Obrigkeit befohlen werden, sondern muss im Innern jedes einzelnen Menschen wachsen.

Das, was den meisten Menschen heute noch fehlt für eine weitere, entscheidende Entwicklung, ist das Verständnis für die echte Liebe. Denn echte Liebe ist bedingungslos und selbstlos, und dies verlangt von uns ein komplettes Umdenken. Wenn wir andern grosszügig und scheinbar selbstlos helfen, dann erwarten wir doch meistens einen Dank oder wollen uns mindestens als guten Menschen fühlen, der dann im Himmel für seine guten Taten belohnt wird. Und gerade diese Vorstellung hat nichts mit echter Liebe zu tun. Echte Liebe verlangt keinen Dank und keine Belohnung. Es ist Dank und Erfüllung genug, echte Liebe leben zu dürfen. Es braucht kein danach, echte Liebe ist ein Zustand bei dem die Zeit, und das, was später geschieht, bedeutungslos wird. Echte Liebe entsteht durch einen inneren Gemütszustand des Friedens, des vertrauensvollen Zulassens von dem was ist, einem inneren Erfüllt Sein, das zu einer wunschlosen Glückseligkeit führt.

Durch echte Liebe werden wir frei, frei von allen Zwängen, von allem Müssen und eine tiefe Gelassenheit (nicht Gleichgültigkeit) kommt über uns. Wir leben dann in einer Welt des Überflusses. Wenn wir voll von Liebe sind, fliesst sie aus uns heraus ohne zu fragen wohin. Es ist dann ähnlich wie bei einer Glühbirne, die ihr Licht auch abstrahlt ohne zu fragen, ob jemand das Licht verdient hat oder nicht.

Auch die Zeit ist dann im Überfluss vorhanden und hat damit ihre Bedeutung verloren. Wenn alles im Überfluss vorhanden ist, müssen wir auch keine Angst mehr haben. Da auch die Liebe im Überfluss vorhanden ist, können wir nicht mehr zu kurz kommen. Wir können auch allen andern beliebig viel Liebe geben und müssen nicht mehr Einzelne bevorzugen und andern unsere Liebe vorenthalten, weil wir glauben, dass sie deren nicht würdig sind.

Da alle Menschen Kinder Gottes sind, haben wir alle Gott in uns. Und da Gott vollkommen ist, ist auch unser wahres Selbst vollkommen. Wenn wir dies erkennen, müssen wir weder uns, noch unsere Mitmenschen kritisieren und verurteilen, denn wir beurteilen nur deren äusseren, irdischen Teil und der muss unvollkommen sein, damit wir etwas lernen und in unserem Evolutionsprozess einen Schritt weiterkommen können.

Das Problem bei dieser Entwicklung liegt darin, dass dabei unser Ego schweigen oder sich sogar auflösen müsste. Aber wer von den Mächtigen verzichtet schon freiwillig auf seine Macht? Und unser Ego ist mächtig, es beherrscht unsere Denkweise und unser ganzes Leben. Seine Mittel sind die Angst und der Kampf, also genau das Gegenteil von der Liebe. Das Ego macht auch viele Menschen, die sich in bester Absicht für die Liebe entscheiden wollen, glauben, sie müssten das Böse bekämpfen. Das Ego macht dies, weil Kampf ein Mittel des Egos ist, durch ihn wird es gestärkt. Um sich selbst zu schützen, macht das Ego uns glauben, wir müssten kämpfen anstatt lieben. Lieben, das heisst immer im Zustand des inneren Friedens und der uns durchströmenden Liebe zu bleiben.

Wenn wir in unserem Leben unterwegs sind, um unser wahres Selbst zu finden, so ist es wichtig, dass wir nicht andere Menschen bekämpfen, die anders denken als wir, sondern unbeirrt unsere Überzeugung selbst leben. Wir sollen unsere Energie auf das geben, was wir erreichen wollen und nicht auf das, was wir ablehnen. Dadurch fliesst unsere zielgerichtete Energie unverfälscht ins Quantenfeld und vereint sich dort mit der Energie von Gleichgesinnten zu einer starken Kraft, die dann auf der Erde wieder einiges bewirken kann.

10. Leben im Jetzt

Wir haben in den vorherigen Kapiteln gelernt, dass wir unserem Bestreben am meisten Energie geben, wenn wir bewusst so denken und fühlen, als wenn das Angestrebte schon erreicht wäre. Die Schwierigkeit dabei liegt darin, dass wir trotz dieser Zukunftsvision in der Gegenwart bleiben sollen. Nur im Jetzt liegt unsere Energie. Was wir in der Vergangenheit geleistet haben, können wir nicht mehr beeinflussen. Für die Zukunft ist es gut, wenn wir eine Vision haben und nicht ziellos umherirren. Aber einen Schritt um diese Vision zu erreichen, können wir nur im Hier und Jetzt machen. Sinnbildlich ausgedrückt, müssen wir dort, wo wir hinwollen, einen Pflock einschlagen, damit wir einen Orientierungspunkt haben, und uns vor jedem Schritt vergewissern, dass er in diese Richtung führt.

Wir Menschen lassen uns meistens von unserem Verstand leiten. Er ist ein Werkzeug in unserem Alltag. Er hat seinen Nutzen bei bestimmten Aufgaben, und wenn die erledigt sind, könnten wir ihn wieder abschalten. Aber bei den meisten Menschen läuft er ununterbrochen und so sind achtzig bis neunzig Prozent des Denkens vieler Menschen nicht nur nutzlos, sondern sogar schädlich, weil wir uns oft durch Sorgen und unnötiges Werten mit negativer Energie aufladen. Unser Verstand mit dem dazugehörigen Denken ist zwanghaft. Unser unbewusstes Selbst, das wir als Ego bezeichnen wollen, beherrscht uns und steuert unser Denken. Unser Verstand ist eine Überlebensmaschine mit Angriff und Verteidigung gegenüber anderen Egos.

Für das Ego und damit für den Verstand existiert der gegenwärtige Moment kaum, nur Vergangenheit und Zukunft haben Bedeutung. Einerseits ist es ständig damit beschäftigt, die Vergangenheit am Leben zu erhalten, denn durch sie und die damit verbundenen Erfahrungen und Glaubensätzen erhält das Ego seine Identität. Andererseits kümmert sich der Verstand um die Zukunft, um sein Überleben zu sichern und um dort seine Wünsche und Ziele zu erfüllen. Auch wenn das Ego scheinbar in der Gegenwart weilt, will es in dieser nicht verweilen, denn es betrachtet sie immer als Zwischenstation. um basierend auf der Vergangenheit ein Ziel in der Zukunft zu erreichen. Da die meisten Menschen sich überwiegend mit ihrem Ego identifizieren – und ihren geistigen Teil, ihre Seele, vergessen – können oder wollen sie nur selten den Augenblick geniessen, sondern ihre Aufmerksamkeit ist auf die Zukunft gerichtet, wo sie etwas erreichen wollen.

Die Vorherrschaft des Verstandes ist ein Stadium in der Evolution des Menschen und seines Bewusstseins. Aber es ist notwendig, dass wir jetzt seine monströse Dominanz erkennen und zu einer nächsten Entwicklungsphase kommen, in der unser Bewusstsein den Verstand beherrschen und kontrollieren kann, sonst werden wir durch den Verstand zerstört.

Unser Ego wird durch unsere Glaubenssätze und durch unsere Erfahrungen geformt. Die Glaubenssätze stammen zu einem grossen Teil aus unserer Kindheit und werden von uns in unserem Unterbewusstsein mitgeschleppt, auch wenn sie ihre Gültigkeit verloren haben. Unser Unterbewusstsein ist auch der Sitz unserer Emotionen. Wenn etwas mit unseren Glaubensätzen, Wünschen und Begierden übereinstimmt, so freuen wir uns automatisch und bringen dies auch zum Ausdruck. Wenn aber etwas diesen Vorgaben widerspricht, dann ärgern wir uns, verurteilen und bekämpfen, was uns nicht gefällt ebenso automatisch. Nur wenn wir uns speziell darauf achten, wann wir achtsam sind, können wir diese Zusammenhänge erkennen und unsere Reaktion verändern, sofern sie uns nicht gefällt. Dazu müssen wir aber im Hier und Jetzt leben und sofort eingreifen, wenn uns ein Gedanken oder eine Reaktion nicht gefällt.

Für ein selbstbewusstes Leben müssen wir im Hier und Jetzt sein können. Und dazu wiederum brauchen wir Achtsamkeit und ein bewusstes Leben.

11. Umsetzung im Alltag

Aus meiner Sicht ist etwas vom Wichtigsten beim Einüben und Verbreiten dieses Umdenkens, dass wir uns nicht einem Zwang unterwerfen, denn Zwang ist einerseits Stress und diesen haben wir schon zur Genüge in unserem heutigen Leben. Andererseits macht Zwang unfrei, das heisst wir werden zu Opfern von etwas, das nicht uns gehört. Wir werden fremdbestimmt. Auch das ist etwas, das in der heutigen Gesellschaft weitverbreitet ist. Wir richten uns nach der Mode, nach dem was gerade „in" ist, nach Verkaufsaktionen und den Hypes.

Wir möchten durch unser Umdenken das Wirtschaftsverhalten der weltweiten Bevölkerung ändern und wissen, dass dies ein mehrjähriger Prozess sein wird. Aber beginnen müssen wir bei uns selber. Dazu möchte ich als Richtlinie folgendes festhalten:

a) beim Einkaufen:
   1. Nur das kaufen, was wir wirklich benötigen.
   2. Auf die Herkunft achten, regionale Produkte mit kurzem Transportweg bevorzugen.
   3. Herstellungsumfeld beachten: nachfragen ob gute Arbeitsbedingungen herrschen (ökologisch, keine Kinderarbeit, gute Löhne auch für Frauen, Teilarbeitszeit- und Mitsprachemodelle)
   4. Internationale Firmen mit hohem Gewinn eher nicht berücksichtigen.

b) Zuhause:
   1. Fleisch ist Luxus, da es ca. 7 x mehr Anbaufläche benötigt als Gemüse.

2. Keine Essensresten wegwerden (es gibt einfache Mixer (z.B. Nitribullet) mit denen alle Resten zu Suppe verkleinert werden können.
3. Raumtemperatur im Wohnraum im Winter nicht höher als auf 21°C einstellen und in den Schlafzimmern darf es etwas kühler sein. Wer kann, soll auf Solarheizungen oder Wärmepumpen umstellen.
4. Nicht gebrauchtes Licht abschalten.

c) Ferien und Reisen:
1. Der ÖV ist das ökologischste Transportmittel, wenn es geht, dieses benützen.
2. Kurztrips übers Wochenende sind meistens sehr energieaufwendig und stressig. Lieber mehrere zu einem längeren Aufenthalt zusammenfassen.
3. Flüge benötigen sehr viel Energie und sind daher zu meiden und höchstens ausnahmsweise für mehrwöchige Aufenthalte zu benützen.

Diese Aufzählung ist sicher nicht vollzählig, aber die Massnahmen sind ein Anfang und können individuell angepasst und ausgebaut werden. Wichtig, aber erklärungsbedürftig scheint mir Punkt a 2: Das Verkaufspersonal – vor allem in den Grossmärkten – ist sich nicht gewohnt, dass gefragt wird, wie ein Produkt hergestellt wird. Es wird darum am Anfang verwirrt sein und keine richtige Antwort geben können. Wenn aber immer mehr Kunden danach fragen, wird sich das Verkaufspersonal selber bei ihren Chefs orientieren müssen und das hat zu Folge, dass allmählich auch in der Geschäftsleitung das Bewusstsein für den Einkauf von ökologischen und sozialverträglichen Produkten entsteht. Wichtig ist unsere Ausdauer. Wir müssen immer dranbleiben. Das Einhalten vieler der aufgezählten Punkte wird uns schwerfallen. Aber wenn wir versuchen die Idee immer im Bewusstsein zu halten, wird dies mit der Zeit zur Gewohnheit wie vieles andere in unserem Leben.

Eine gute Methode um eine Vision mit dem Jetzt zu erreichen ist die Meditation. Es gibt viele Meditationsarten, und wer schon mit einer vertraut ist, wendet wohl am besten diese auch für den Einklang mit der Erde und der Natur an. Für Ungeübte möchte ich hier zum Abschluss dieses Büchleins noch eine einfache Meditation beschreiben.

Begib dich in einen ruhigen Raum in dem du für mindestens eine Viertelstunde nicht gestört wirst. Setze dich mit möglichst geradem Rück auf einen Stuhl, stelle die Füsse nebeneinander auf den Boden und lege die Hände auf die Oberschenkel. Schliesse die Augen und konzentriere dich auf deine Herzgegend. Spüre die Energie in diesem Bereich. Steigt irgendein Gefühl in dir hoch? Bleibe mit deiner Konzentration bei der Herzgegend und spüre, wie dein Herz klopft. Bleibe während der ganzen Übung dabei, deinen Herzschlag zu spüren. Wenn du davon abweichst, sei achtsam und nimm deine Aufmerksamkeit wieder auf deinen Herzschlag zurück.

Stell dir jetzt vor, du sitzest auf einer Bank in der wundervollen Natur, im Wald oder auf einem Hügel oder an einem Ort, den du von früher kennst und liebst. Es ist ruhig und friedlich. Die Natur und dieser Augenblick ist vollkommen. Gehe ganz in dieses Gefühl und die damit verbundene Energie hinein. Aber vergiss trotzdem nicht auf deinen Herzschlag zu achten. Lass deinen ganzen Körper sich von diesem friedvollen Gefühl erfüllen. Wenn du ganz davon erfüllt bist, so lass diese Energie aus deinem Körper überquellen und in deiner Umgebung verströmen.

Bleibe für einige Minuten in diesem Zustand. Du kannst jetzt nichts denken, du hast nur das Bild der vollkommenen Natur, die dich umgibt. Du fühlst die liebevolle Energie und spürst dein Herz schlagen. Wenn du dich darauf konzentrierst und dies intensiv machst, hat es in deinem Kopf kein Platz für Gedanken: du bist ganz im Hier und Jetzt. Spüre, wie diese wunderbare Energie aus dir hinausströmt überall hin und alles heilt, wo sie hinkommt.

Verweile solange du kannst in diesem Zustand. Dann nimm einige tiefe Atemzüge, bewege deine Finger und Zehen und öffne deine Augen. Du sitzest jetzt wieder frisch und munter auf deinem Stuhl und wunderst dich vielleicht wieviel Zeit seit dem Beginn der Übung vergangen ist.

Schlusswort:

Wir stehen am Beginn eines weltweiten Transformationsprozesses zur Schwingungserhöhung des menschlichen Bewusstseins. Das Ziel ist eine heile Welt in Liebe. Daher sollten wir im Alltag möglichst oft achtsam sein, wo unsere Gedanken sind. Dann sind wir frei, uns bei jeder Gelegenheit für den liebevollen Weg zu entscheiden, und damit diesem Prozess unsere Energie und Unterstützung zu geben.

Liebe Leserin, lieber Leser, Sie haben jetzt mein ganzes Büchlein gelesen und können sich selbst eine Meinung bilden, ob Sie dem hier Geschriebenen zustimmen. Das würde mich natürlich freuen, und ich bitte Sie, diese Ansicht weiter zu verbreiten, denn nur so erhält sie in der Gesellschaft Gewicht. Wenn Sie mit gewissen Aussagen und Einstellungen dieses Büchleins nicht einverstanden sind, so ist dies auch gut. Suchen Sie die Diskussion über dieses Thema. Nur wenn sich viele Menschen dazu Gedanken machen und sich eine eigene Meinung und Überzeugung bilden, können wir einen gangbaren Weg finden, um diese globale Herausforderung zu meistern.

Literaturhinweis

Barrett Sondra: Das Geheimnis unserer Zellen
Braden Gregg: Im Einklang mit der göttlichen Matrix
Braden Gregg: Verlorene Geheimnisse des Betens
Beck Don, Cowan Chr.: Spiral Dynamics
Dürr Hans-Peter: Wir erleben mehr als wir begreifen
Felber Christian: Die Gemeinwohl-Ökonomie
Felber Christian: Die innere Stimme
GEO 5/16, Woher wir kommen
GEO 3/18, Sie sind noch da, Dinosaurier
Harari Yuval: Eine kurze Geschichte der Menschheit
Knapp Natalie: Der Quantensprung des Denkens
Küstenmacher M. + W., Haberer T.: Gott 9.0
Lipton Bruce: Intelligente Zellen
Lipton Bruce: Der Honeymoon-Effekt
Pert Candace: Moleküle der Gefühle
Tipping Colin: Ich vergebe
Tolle Eckhart: Eine neue Erde
Vollbehr Hartwig: Was die Welt zusammenhält
von Weizsäcker Ernst: Wir sind dran
Walsch Neale: Gemeinschaft mit Gott
Wilber Ken: Integrale Meditation
Wilber Ken: Integrale Spiritualität
Zeilinger Anton: Einsteins Schleier

Profil des Autors:

Rainer Wülser, Jahrgang 1939, studierte an der Eidgenössischen Technischen Hochschule Maschinenbau und arbeitete viele Jahre in verschiedenen Stellungen als Ingenieur und später als Personalchef einer Firma in der Maschinenindustrie. Er ist verheiratet und hat zwei Kinder. Durch eine Fügung des Schicksals begann er sich für Psychologie, Spiritualität und die Evolution der Menschheit zu interessieren. Vor zwanzig Jahren schrieb er sein erstes Buch: „Entdecke die Kraft in dir, der Weg der gelebten Liebe". Und heute liess er sich durch die COVID-19-Krise nochmals zu einem neuen Büchlein herausfordern.

Buchrückseite:

Die COVID-19-Pandemie hat die ganze Welt schwer getroffen und in eine Krise gestürzt. Die meisten Menschen möchten, dass sie möglichst schnell vorbei und alles ist wie vorher. Aber das ist nicht möglich. Das Leben ist ein Prozess, der immer vorwärts geht, und auch die schlimmste Krise hat einen Sinn, wenn wir sie für eine Veränderung nutzen. Dieses Büchlein möchte eine Möglichkeit dazu aufzeigen. Die nötigen Veränderungen sind anspruchsvoll, doch wir sollten die Chance nutzen, bevor wir durch die Erderwärmung in eine viel grössere Katastrophe stürzen.

Zeitfracht Medien GmbH
Ferdinand-Jühlke-Straße 7
99095 Erfurt, Deutschland
produktsicherheit@kolibri360.de